집이 깨끗해졌어요!

내 인생의 반전 정리 수납 성공기

와타나베 폰 지음
송수영 옮김

CONTENTS

- 002 프롤로그 먼지투성이 집에 살다 보니…

- 009 제1화 평소 청소는 이런 식
  - 014 지저분한 집 이런 일 꼭 있다 no.1

- 017 제2화 왜 너희들 짐은 가벼워?!
  ~여행지에서 발견한 정리 힌트
  - 022 지저분한 집 이런 일 꼭 있다 no.2

- 024 제3화 '사용하지 않지만 있으면 안심'인 물건이 집 안 한가득
  - 030 주의! 이런 사람은 집이 지저분할 확률↑↑

- 032 제4화 '문제투성이 나'를 인정하고 탈출하자
  - 038 사용하지도 않으면서 왠지 있으면 안심인 물건은 이것!

040 **제5화** **'언젠가 써야지' 하는 물건을 지금 사용하라**
~주방 정리 편~

045 돼지우리 타입이라면 '팔기'보다 우선은 '버리기'!!

046 **제6화** **평소 사용하는 것만 남겨놓는다**
~식탁 정리 편~

052 정리 정돈 후 이렇게 깨끗해졌어요
`주방`

054 **제7화** **'날씬해지면 입어야지' 하는 마음을 버린다**
~옷장 정리 편~

060 정리 정돈 후 이렇게 깨끗해졌어요
`침실·장롱`

062 **제8화** **더 이상 여유분은 사지 않는다**
~욕실 정리 편~

068 정리 정돈 후 이렇게 깨끗해졌어요
`욕실·세면장`

070 **제9화** 아끼는 물건일수록 밖으로 꺼내놓자!
~취미용품 정리 편~

077 정리 정돈 후 이렇게 깨끗해졌어요
거실

079 **제10화** 난생처음 물건을
제자리에 두기 시작했다

085 요즘 내가 푹 빠진 청소용품을 소개합니다

086 **에필로그** 집이 깨끗해진 뒤
전혀 다른 모습의 나를 만나다

102 **여기가 지금의 우리 집입니다!**

106 마치며

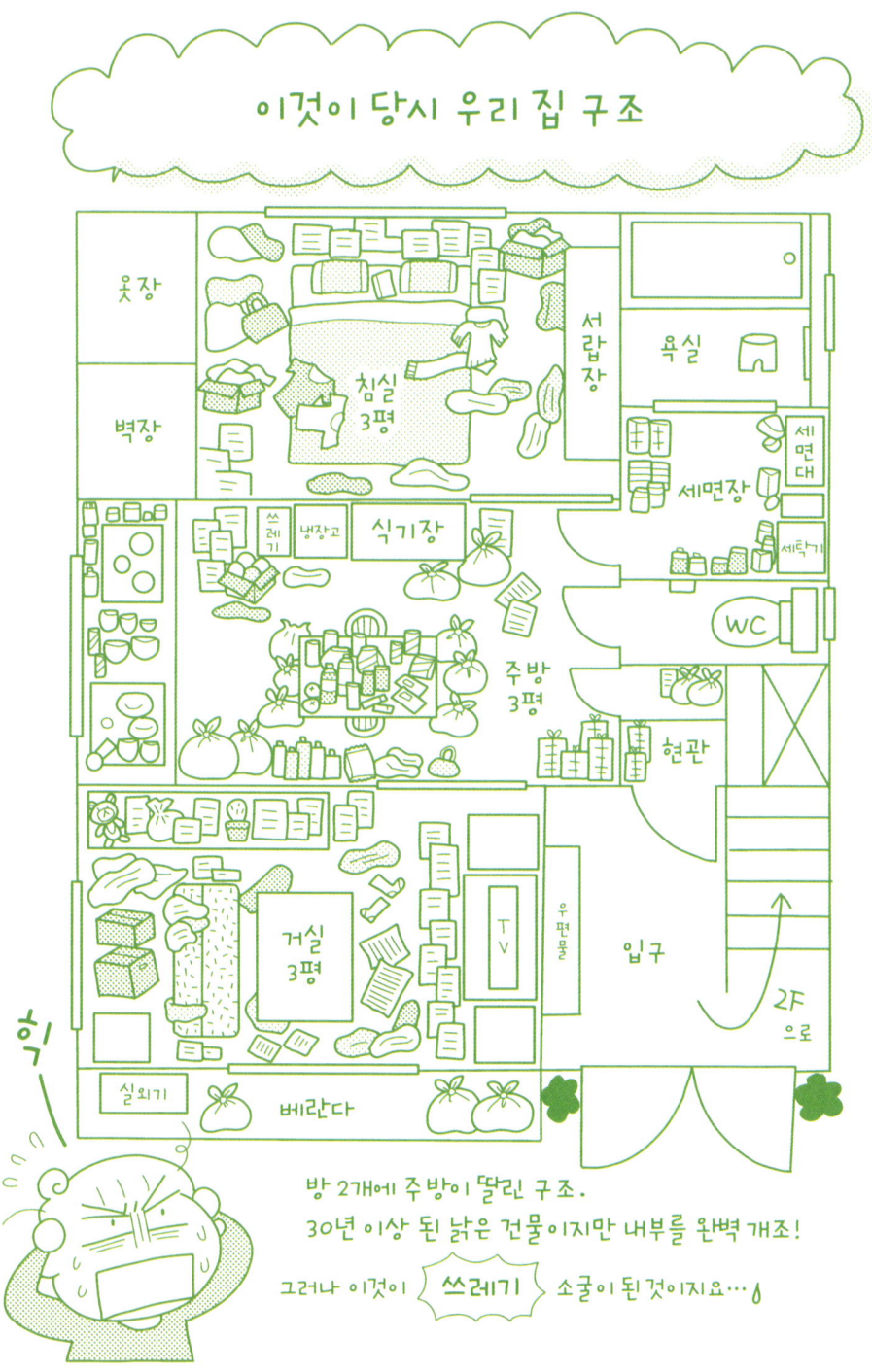

제2화 왜 너희들 집은 가벼워?!
~여행지에서 발견한 정리 힌트

'사용하지 않지만 있으면 안심'인 물건이 집 안 한가득

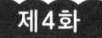

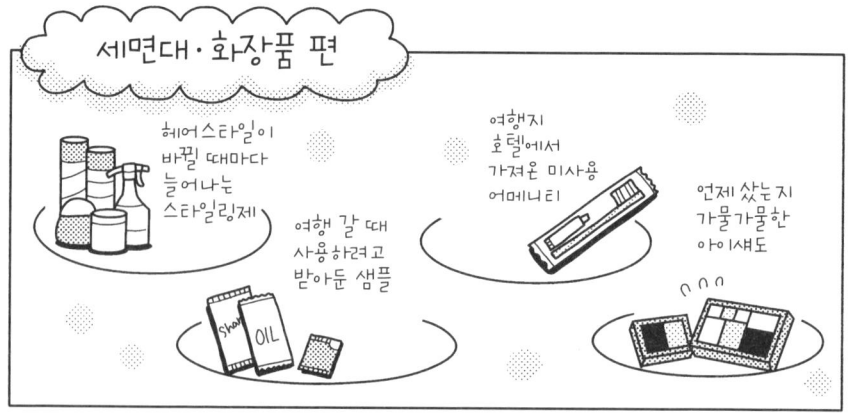

'언젠가 써야지' 하는 물건을 지금 사용하라
~주방 정리 편~

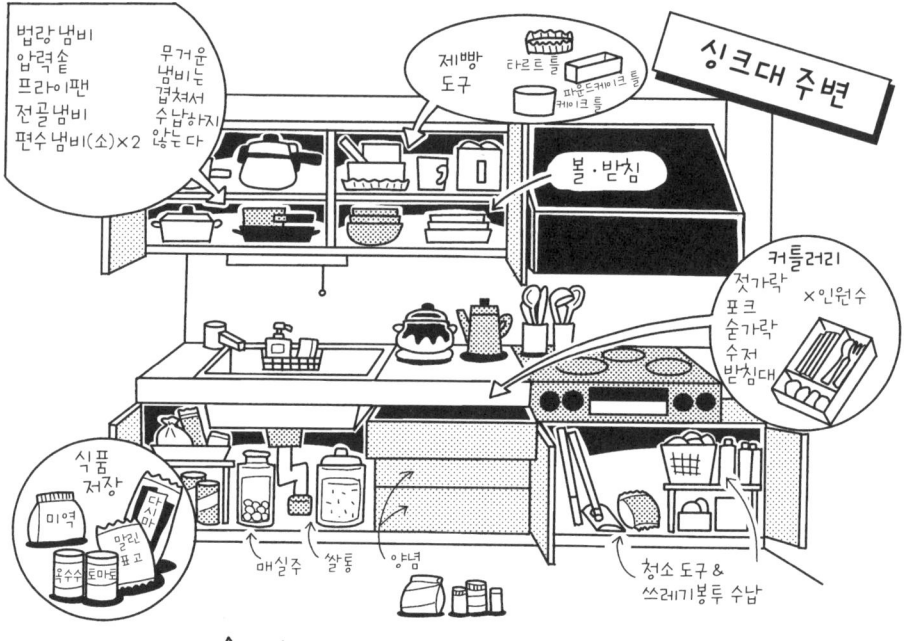

'날씬해지면 입어야지' 하는 마음을 버린다
~옷장 정리 편~

 제7화

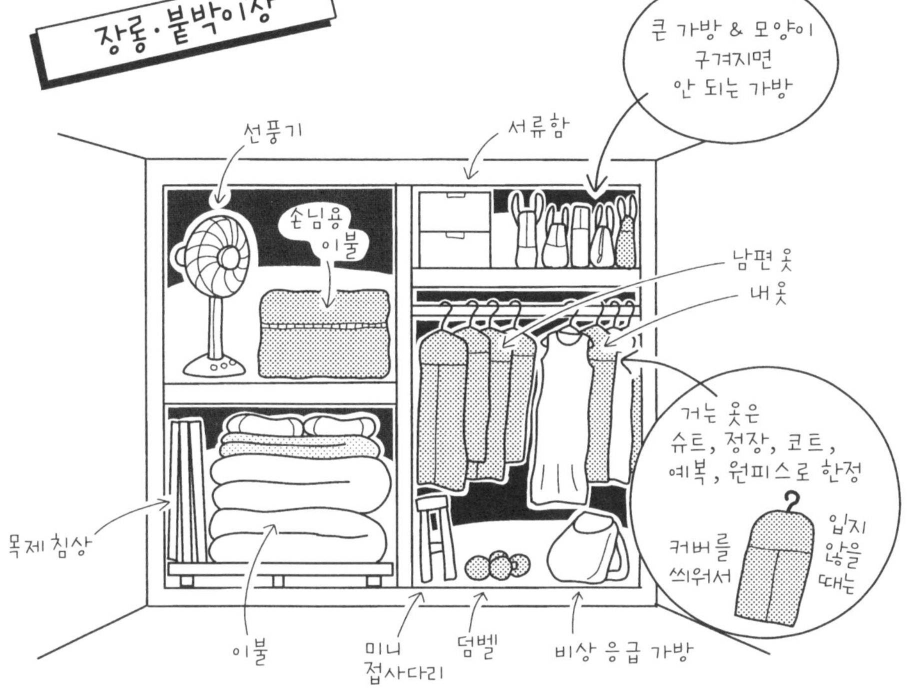

더 이상 여유분은 사지 않는다
~욕실 정리 편~ 제8화

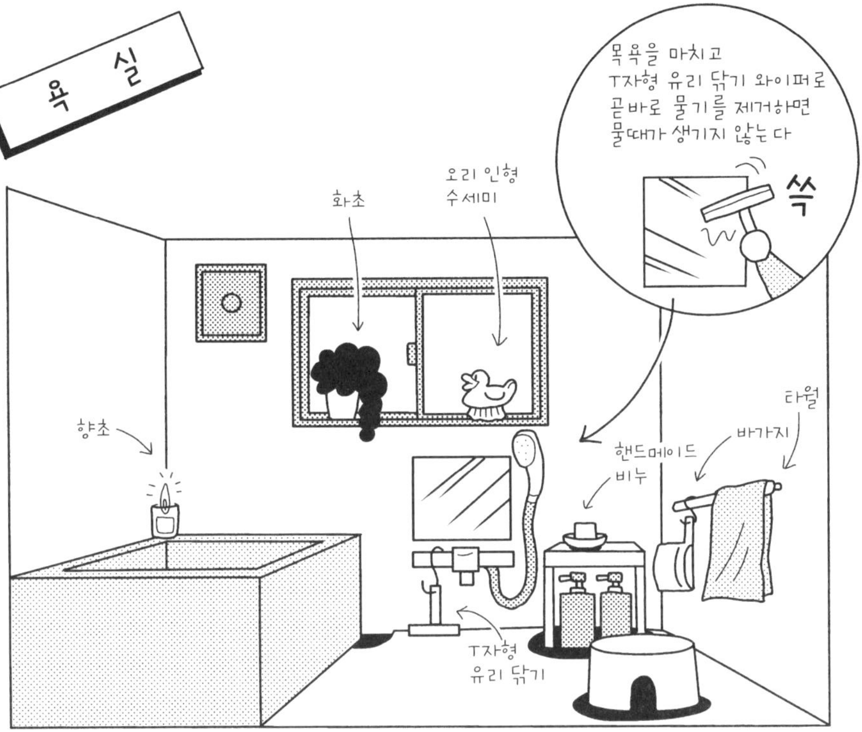

난생처음 물건을 제자리에 두기 시작했다

집 안 정리 정돈에 몰입한 지 어느덧 3개월

'사용하지 않지만 있으면 안심인 물건'을 가려내 버리는 일에 익숙해져서

이거 3개월 전에는

사용하는 거니까 버리지 말아야지

라고 생각했는데 결국 지금까지 쓰지 않으니 버려야겠다

삶은 달걀 커팅기 →

집 안이 늘 깔끔하고 깨끗한 상태 그대로 유지되었다

오늘도 깨끗 깨끗♥

여기가 3개월 전까지 쓰레기 더미 같았다는 사실을 아무도 모를 거야

푸항항

그러다 문득 아무리 생각해도 납득이 가지 않는 일이 떠올랐다

그것은—

집이 더러울 때는 아무리 노력해도 도저히 되지 않던

집이 깨끗해진 뒤에는 자연스레 습관이 된 것

사용 후 바로 제자리에 두기

또각

손톱깎이 손톱깎이

손톱이 갈라져

덜컹

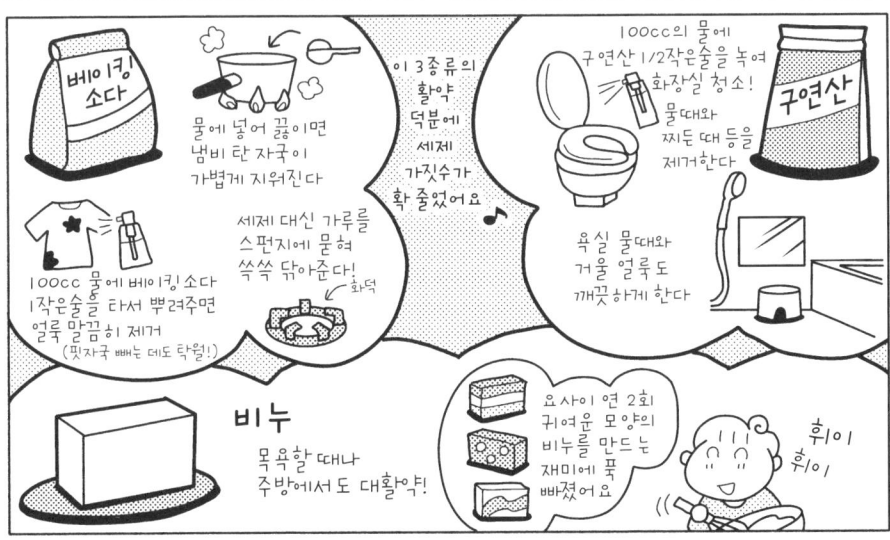

에필로그 집이 깨끗해진 뒤 전혀 다른 모습의 나를 만나다

여기가 지금의 우리 집입니다!

여기가 현재 살고 있는 집이에요.
한 번 깨끗한 천국을 경험하고 나니까 두 번 다시 옛날로 돌아가고 싶지 않아요.
두 사람이 살기에는 약간 작은 규모이지만 자신이 감당할 수 있는 넓이도 깨끗함을 유지하는 데 중요한 포인트랍니다.

작업실

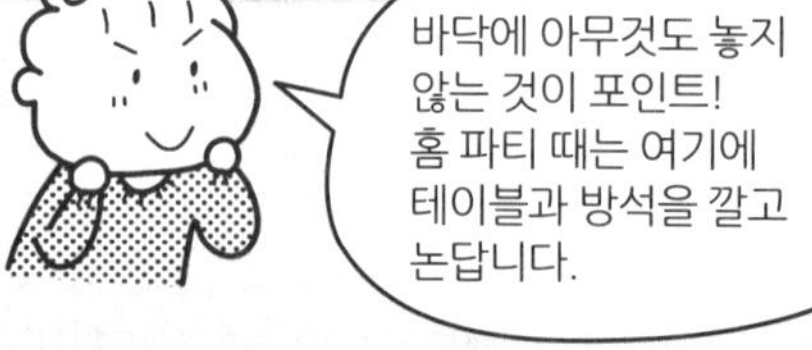

바닥에 아무것도 놓지 않는 것이 포인트!
홈 파티 때는 여기에 테이블과 방석을 깔고 논답니다.

조립 책상

내가 좋아하는 베란다

요리에 사용하는 허브를 조금씩 키우고 있어요.

햇볕이 잘 들어오는 창가에서 작업. 나무 상판과 다리를 각각 별도로 사서 직접 만들었답니다.

거실

매일 잠자리에 들기 전에 어지른 물건들을 정리해 아침에 바로 청소할 수 있도록 합니다. 청소기는 먼지가 일어나는 느낌이 들어서 매일 아침 바닥 걸레로 가볍게 닦아냅니다.

무인양품 선반과 바구니 박스

일상용품을 넣거나 콘센트를 정리하는 등 자질구레한 것들을 수납해요.

주방

가장 주의하는 것은 가스레인지 위에 냄비나 주전자를 올려놓지 않는 것. 한번 시작되면 계속될 것 같아서.

와인 랙

와인 랙도 제가 만들었답니다. 미지근한 물에 가볍게 닦아낸 뒤 걸어놓으면 저절로 마르니 굿!

엄선한 냄비들

냄비는 용도가 다른 것을 여러 개 갖추고 있습니다. 지금 사용하는 것은 압력솥, 법랑 냄비, 전골냄비, 프라이팬을 각각 1개씩. 편수 냄비 2개.

마지막까지 읽어주신 여러분,
정말 감사합니다.

지저분한 집에 산다는 사실을 보통 남에게
들킬 일이 없건만 왠지
마음 한구석에 늘 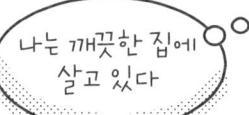 라는

자책이 어둡게 드리워 있었습니다.

그러던 제가 쓰레기 같은 집에서 탈출하고 나니
짓누르던 무거운 돌을 떨쳐버린 듯
마음이 가벼워지고

라는 생각만으로도
불끈불끈 기운이 솟아난답니다.

저의 경험이 정리 정돈에 고민하는 많은 분에게
조금이라도 도움이 될 수 있다면
더할 나위 없이 기쁘겠습니다.

DAME NA JIBUN WO MITOMETARA HEYA GA KIREI NI NARIMASHITA
ⓒ Pon Watanabe 2015
Edited by MEDIA FACTORY
First published in Japan in 2015 by KADOKAWA CORPORATION.
Korean translation rights reserved by Iaso Publishing Co.
Under the license from KADOKAWA CORPORATION, Tokyo.
Through Shinwon Agency Co.

이 책의 한국어판 저작권은 신원에이전시를 통한
KADOKAWA CORPORATION과의 독점 계약으로 도서출판 이아소에 있습니다.
저작권법에 의해 한국 내에서 보호받는 저작물이므로 무단 전재와 무단 복제를 금합니다.

옮긴이 송수영
〈Friday〉〈Traveller〉〈여행스케치〉 등의 편집장을 거쳐 현재는 출판 업무와 전문 번역에 종사하고 있다. 저서로 〈어떻게든 될 거야, 오키나와에서는〉이 있으며 〈여행의 공간 1〉〈온다리쿠의 메갈로마니아〉〈어떻게 살면 행복해질까〉〈한 그릇 카페 밥〉〈캠핑 가서 뭐 먹지?〉 등 다수의 번역서가 있다.

내 인생의 반전 정리 수납 성공기
집이 깨끗해졌어요!

초판 1쇄 발행 2015년 12월 20일
초판 4쇄 발행 2019년 11월 11일

지은이 와타나베 폰
옮긴이 송수영
펴낸이 명혜정
펴낸곳 도서출판 이아소
교 정 정수완
디자인 황경성

등록번호 제311-2004-00014호
등록일자 2004년 4월 22일
주소 04002 서울시 마포구 월드컵북로5나길 18 1012호
전화 (02)337-0446 **팩스** (02)337-0402

책값은 뒤표지에 있습니다.
ISBN 978-89-92131-95-7 17590
CIP제어번호: CIP2015033084

도서출판 이아소는 독자 여러분의 의견을 소중하게 생각합니다.
E-mail: iasobook@gmail.com